سُوْرَةُ يٰسٓ مَكِّيَّةٌ

بِسْمِ اللّٰهِ الرَّحْمٰنِ الرَّحِيْمِ

يٰسٓ ۚ ﴿١﴾ وَالْقُرْاٰنِ الْحَكِيْمِ ﴿٢﴾ لا اِنَّكَ لَمِنَ
الْمُرْسَلِيْنَ ﴿٣﴾ لا عَلٰى صِرَاطٍ مُّسْتَقِيْمٍ ﴿٤﴾ ط
تَنْزِيْلَ الْعَزِيْزِ الرَّحِيْمِ ﴿٥﴾ لا لِتُنْذِرَ قَوْمًا
مَّآ اُنْذِرَ اٰبَآؤُهُمْ فَهُمْ غٰفِلُوْنَ ﴿٦﴾

YASEEN

Bismillaahir-Rahmaanir-Rahiim

1.Yaseen 2.Wal Qur-an-il Hakeem 3.Innaka laminal mursaleen 4.AlaaSiratim-mustaqueem 5.Tanzeelal-Azizir-Raheem 6.Le-tunzira qaumam-maa unzira aabaau humfahum ghaafiloon

In the name of Allah,
Most Gracious, Most Merciful.

1.Yaseen 2.By the Qur'an full of Wisdom, 3.Thou art indeed one of the messengers, 4.On a Straight Way. 5.It is Revelation sent down by (Him), The Exalted in Might, Most Merciful, 6.In order that thou mayest admonish a people, Whose fathers had received no admonition, and who therefore remain heedless (if the Sings of Allah).

لَقَدْ حَقَّ الْقَوْلُ عَلٰٓى اَكْثَرِهِمْ فَهُمْ لَا يُؤْمِنُوْنَ ﴿٧﴾
اِنَّا جَعَلْنَا فِيْٓ اَعْنَاقِهِمْ اَغْلٰلًا فَهِيَ اِلَى الْاَذْقَانِ
فَهُمْ مُّقْمَحُوْنَ ﴿٨﴾ وَجَعَلْنَا مِنْۢ بَيْنِ اَيْدِيْهِمْ
سَدًّا وَّمِنْ خَلْفِهِمْ سَدًّا فَاَغْشَيْنٰهُمْ فَهُمْ
لَا يُبْصِرُوْنَ ﴿٩﴾

*7.Laqad haqqal qaulu alaa aksarehim-
fahum laa yuminoon 8.Innaja-alnaafi-
aanaaqihim aghlaalan fa hiya ilal azqane
fahum muqmahoon. 9.Wa-ja-alnaa mim-
baine aideehim saddanw-wa-min khalfihim saddan fa-aghshai-nahum, fahum laa yubsiroon.*

7.The Word is proved true against the greater part of them: For they do not believe. 8.We have put yokes round their necks right up to their chins so that their heads are forced (and they cannot see). 9.And We have put a bar in front of them. And a bar behind them, and further, We have covered them up; so that they cannot see.

وَسَوَآءٌ عَلَيْهِمْ ءَاَنْذَرْتَهُمْ اَمْ لَمْ تُنْذِرْهُمْ
لَا يُؤْمِنُوْنَ ﴿١٠﴾ اِنَّمَا تُنْذِرُ مَنِ اتَّبَعَ الذِّكْرَ
وَخَشِيَ الرَّحْمٰنَ بِالْغَيْبِ ۚ فَبَشِّرْهُ بِمَغْفِرَةٍ
وَّاَجْرٍ كَرِيْمٍ ﴿١١﴾ اِنَّا نَحْنُ نُحْيِ الْمَوْتٰى وَ
وقف غفران نَكْتُبُ مَا قَدَّمُوْا وَاٰثَارَهُمْ ۭ وَكُلَّ شَيْءٍ
ع ٤/١٨ اَحْصَيْنٰهُ فِيْٓ اِمَامٍ مُّبِيْنٍ ﴿١٢﴾

10.Wasawaaun alihim-a-an zartahum am lam tunzirhum la yuminoon. 11.Innamaa tunziru manit taba az-zikra wa khas-heyar Rahmaana bil-ghaibe, fa-bashshirhu be Maghferatinw-wa Ajrin Kareem 12.Inna nahnu nuh-yil -mauta wa *naktubu maa qaddamu wa aasara hum: wakulla shai in ahsainahufi-imamim-mubeen*

10.The same is to them whether thou admonish them or thou do not admonish them: they will not believe. 11.Thou cants but admonish such a one as follows the Message and fears the (Lord) The Most Gracious, unseen: Give such a one, therefore Good tidings, of Forgiveness and a Reward most generous. 12.Verily We shall give life to the dead, and We record that which they send before and that which they leave behind, and of all things have We taken account. In a clear Book (of evidence),

وقف لازم

وَاضْرِبْ لَهُمْ مَّثَلًا اَصْحٰبَ الْقَرْيَةِ ۘ اِذْ
جَآءَهَا الْمُرْسَلُوْنَ ﴿١٣﴾ ج اِذْ اَرْسَلْنَآ اِلَيْهِمُ
اثْنَيْنِ فَكَذَّبُوْهُمَا فَعَزَّزْنَا بِثَالِثٍ فَقَالُوْٓا
اِنَّآ اِلَيْكُمْ مُّرْسَلُوْنَ ﴿١٤﴾ قَالُوْا مَآ اَنْتُمْ
اِلَّا بَشَرٌ مِّثْلُنَا ۙ وَمَآ اَنْزَلَ الرَّحْمٰنُ مِنْ
شَيْءٍ ۙ اِنْ اَنْتُمْ اِلَّا تَكْذِبُوْنَ ﴿١٥﴾

13.Waz rib lahum masalan As habal Qaryate iz jaa-a hal-mursaloon. 14.Iz ar-salnaa ilaihe-musnaine fakazzabu humaa fa-azzaznaa be-saalesin-faqaaloo innaa ilaikum-mursaloon 15.Qaaloo-maa antum illaa basharum mislunaa wa maa anzalar Rahmano min shai-in-in-antum illaa takziboon

13.Set forth to them, by way of a parable, the (Story of) the Companions of the City, Behold, there came messengers to it. 14.When We (first) sent to them two messengers, they rejected them: But We strengthened them with a third: they said, "Truly, we have been sent on a mission to you." 15.The (people) said: "Ye are only men like ourselves; And (Allah) Most Gracious sends no sort of revelation: Ye do nothing but lie."

قَالُوا رَبُّنَا يَعْلَمُ إِنَّا إِلَيْكُمْ لَمُرْسَلُونَ ﴿١٦﴾
وَمَا عَلَيْنَا إِلَّا الْبَلٰغُ الْمُبِيْنُ ﴿١٧﴾ قَالُوْا إِنَّا
تَطَيَّرْنَا بِكُمْ ۚ لَئِنْ لَّمْ تَنْتَهُوا لَنَرْجُمَنَّكُمْ
وَلَيَمَسَّنَّكُمْ مِّنَّا عَذَابٌ أَلِيْمٌ ﴿١٨﴾ قَالُوْا
طَآئِرُكُمْ مَّعَكُمْ ۗ أَئِنْ ذُكِّرْتُمْ ۗ بَلْ أَنْتُمْ
قَوْمٌ مُّسْرِفُوْنَ ﴿١٩﴾

16. QaalooRabbunaay aalamu innaa ilaikum lamur saloon 17. Wa maa alainaa illal balaaghhul mubeen 18. Qaaloo innaa tataiyar-naa-bikum la-illam tantahoo la narjumannakum wala yamassannakum minnaa-azaabun aleem 19. Qaaloo taa-erokum ma-a-kum-a-in Zukkirtum: bal antum qaumum-musrifoon.

16. They said: "Our Lord doth Know that we have been sent on a mission to you: 17. "And our duty is only to deliver the clear Message". 18. The (people) said: "For us, we augur an evil omen from you: if ye desist not, We will certainly stone you, and a grievous punishment indeed will be inflicted on you by us." 19. They said: "your evil omens are with yourselves: (Deem ye this an evil omen). If ye are admonished? Nay, but ye are people trans-gressing all bounds!"

وَجَآءَ مِنْ اَقْصَا الْمَدِيْنَةِ رَجُلٌ يَّسْعٰى
قَالَ يٰقَوْمِ اتَّبِعُوا الْمُرْسَلِيْنَ ﴿٢٠﴾ اتَّبِعُوْا
مَنْ لَّا يَسْـَٔلُكُمْ اَجْرًا وَّهُمْ مُّهْتَدُوْنَ ﴿٢١﴾
وَمَالِيَ لَآ اَعْبُدُ الَّذِيْ فَطَرَنِيْ وَاِلَيْهِ الجزء ٢٣
تُرْجَعُوْنَ ﴿٢٢﴾

20.Wa jaa-a-min aqsal madinate rajuluny-yas-aa qaala yaqaum-it-tabi-ul-mursaleen 21.At-tabi-oo manl-laayas-alukum ajranw-wa hum muhtadoon 22.Wa maa liaa laa aabu-dul lazifatarani wa ilaihe turja-oon

20.Then there came running, from the farthest part of the City, a man, saying, "O my People! Obey they messengers: 21.Obey those who ask no reward of you (For themselves), and who are themselves received Guidance. 22."If would not be reasonable in me if I did not Serve Him Who created me, and to Whom ye shall (all) be brought back.

ءَاَتَّخِذُ مِنۡ دُوۡنِهٖۤ اٰلِهَةً اِنۡ يُّرِدۡنِ الرَّحۡمٰنُ
بِضُرٍّ لَّا تُغۡنِ عَنِّىۡ شَفَاعَتُهُمۡ شَيۡـًٔا وَّلَا
يُنۡقِذُوۡنِ ۚ ﴿۲۳﴾ اِنِّىۡۤ اِذًا لَّفِىۡ ضَلٰلٍ مُّبِيۡنٍ ﴿۲۴﴾
اِنِّىۡۤ اٰمَنۡتُ بِرَبِّكُمۡ فَاسۡمَعُوۡنِ ؕ ﴿۲۵﴾ قِيۡلَ ادۡخُلِ
الۡجَـنَّةَ ؕ قَالَ يٰلَيۡتَ قَوۡمِىۡ يَعۡلَمُوۡنَ ۙ ﴿۲۶﴾

23.A-attakhizu min doonihi aalihatan inyyuridnir-Rahmaani be-zurril-la tughne-anni shafaa-atuhum shai-anw walaa yunqizoon 24.1nniizal-lafi zalaalim-mubeen 25.1nni aamantu bi-Rabbekum fasmaoon. 26.Qeelad khulil jannata: Qaala yaalaita qaumiyaalamoon

23."Shall I take (other) besides Him? If (Allah) Most Gracious should intend some adversity for me, of no use whatever will be their intercession for me, nor can they deliver me, 24."I would indeed, then be in manifest Error," 25."For me, I have faith in the Lord of you (all): Listen, they, to me!" 26.It was said: "Enter thou The Garden." He said: Ah me! Would that My People knew (what I know)!

بِمَا غَفَرَ لِيْ رَبِّيْ وَجَعَلَنِيْ مِنَ الْمُكْرَمِيْنَ ﴿٢٧﴾
وَمَآ اَنْزَلْنَا عَلٰى قَوْمِهٖ مِنْۢ بَعْدِهٖ مِنْ جُنْدٍ
مِّنَ السَّمَآءِ وَمَا كُنَّا مُنْزِلِيْنَ ﴿٢٨﴾ اِنْ كَانَتْ
اِلَّا صَيْحَةً وَّاحِدَةً فَاِذَا هُمْ خٰمِدُوْنَ ﴿٢٩﴾

27.Bimaa ghafarali Rabbi waja-alani minal mukrameen 28.Wa maa anzalna alaa qaumehi mimbadihi min jundim-minas-samaa-e wa maa kunnaa munzeleen 29.In kaanat illaa saihatanw-waahi-datan fa-iza hum khaamidoon

27."From that my Lord Has granted me Forgiveness And has enrolled me among those held in honour!" 28.And We sent not down against his People, after him, any hosts from heaven, nor was it needful for Us so to do. 29.It was no more than a single mighty Blast, and behold! They were (like ashes) Quenched and silent.

يٰحَسۡرَةً عَلَى الۡعِبَادِ ۚ مَا يَاۡتِيۡهِمۡ مِّنۡ رَّسُوۡلٍ اِلَّا وقف غفران
كَانُوۡا بِهٖ يَسۡتَهۡزِءُوۡنَ ﴿۳۰﴾ اَلَمۡ يَرَوۡا كَمۡ
اَهۡلَكۡنَا قَبۡلَهُمۡ مِّنَ الۡقُرُوۡنِ اَنَّهُمۡ اِلَيۡهِمۡ لَا
يَرۡجِعُوۡنَ ﴿۳۱﴾ ؕ وَاِنۡ كُلٌّ لَّمَّا جَمِيۡعٌ لَّدَيۡنَا
مُحۡضَرُوۡنَ ﴿۳۲﴾ ع وَاٰيَةٌ لَّهُمُ الۡاَرۡضُ الۡمَيۡتَةُ ۖۚ الربع
اَحۡيَيۡنٰهَا وَاَخۡرَجۡنَا مِنۡهَا حَبًّا فَمِنۡهُ يَاۡكُلُوۡنَ ﴿۳۳﴾

30.Yaa-hasratan alal ibaade ma yaatihim mir-Rasoolin illaa kaanu bihi yastahzie-oon 31.Alam yarau kam ahlaknaa qablahum-minal qurooni annahum ilaihim laa yarji-oon 32.Wa in kullul-lammaa jami-ul-ladaina muhzaroon. 33.Wa aayatul-lahumul arzulmai-tatu ahya-inaahaa wa akhrajnaa minhaa habban fa-minhuyaa-koloon

30.Ah! Alas for (My) servants! There comes not an messenger to them but they mock him! 31.See they not how many generations before them We destroyed? Not to them will they return: 32.But each one of them all-will be brought before Us (for Judgement). 33.A Sign for them is the earth that is dead: We do give it life, and produce grain therefrom, of which ye do eat.

وَجَعَلْنَا فِيْهَا جَنّٰتٍ مِّنْ نَّخِيْلٍ وَّاَعْنَابٍ
وَّفَجَّرْنَا فِيْهَا مِنَ الْعُيُوْنِ ﴿٣٤﴾ لِيَاْكُلُوْا مِنْ
ثَمَرِهٖ وَمَا عَمِلَتْهُ اَيْدِيْهِمْ اَفَلَا يَشْكُرُوْنَ ﴿٣٥﴾
سُبْحٰنَ الَّذِيْ خَلَقَ الْاَزْوَاجَ كُلَّهَا مِمَّا تُنْۢبِتُ
الْاَرْضُ وَمِنْ اَنْفُسِهِمْ وَمِمَّا لَا يَعْلَمُوْنَ ﴿٣٦﴾

34.Wa-ja-alnaa fihaa jannaatimmin nakhi-
linw-wa-aanaabinw-wafajjarnaafihaa
minaluyoon 35.Liyaakoloo min samarihi
wa maa amilat hu aideehim afalaa
yashkuroon 36.Sub-haanal lazi khalaqal
azwajaa kullahaa mimmaa tumbitul arzuo
wa min anfusehim wa mimmaa laayaa-
lamoon

34.And we produce therein Orchards with date-palms and vines, and We cause springs to gush forth therein:
35.That they may enjoy the fruits of this (artistry): Is was not their hands that made this: Will they not then give thanks?
36.Glory to Allah, who created in pairs all things that the earth produces, as well as their own (human) kind and (others) things of which they have no knowledge.

وَاٰيَةٌ لَّهُمُ الَّيْلُ ۚۖ نَسْلَخُ مِنْهُ النَّهَارَ فَاِذَا
هُمْ مُّظْلِمُوْنَ ۙ﴿۳۷﴾ وَالشَّمْسُ تَجْرِيْ لِمُسْتَقَرٍّ
لَّهَا ۭ ذٰلِكَ تَقْدِيْرُ الْعَزِيْزِ الْعَلِيْمِ ۭ﴿۳۸﴾ وَالْقَمَرَ
قَدَّرْنٰهُ مَنَازِلَ حَتّٰى عَادَ كَالْعُرْجُوْنِ الْقَدِيْمِ ﴿۳۹﴾

37.Wa-aayatul-lahum-ul-lailu naslakhu
minhunna-haara fa-izaahum muzlimoon
38.Wash-shamsu tajri li mustaqrrillahaa:
zaalika taqdeerul Azizil Aleem. 39.Wal-
qamara qaddarnaahu manaazila hattaa
aada kal urjoonil qadeem

37.And Sing for them is the night: We withdraw
therefrom they Day, and behold they are plunged in
darkness. 38. And the Sun runs its course for the period
determined for it that is the decree of (Him), the Exalted
in Might, the All-knowing. 39.And the Moon,- We have
measured for her Stations (to traverse) till she returns
like the old (and withered) lower part of a date-stalk.

لَا الشَّمۡسُ يَنۡۢبَغِيۡ لَهَاۤ اَنۡ تُدۡرِكَ الۡقَمَرَ وَلَا
الَّيۡلُ سَابِقُ النَّهَارِ ؕ وَكُلٌّ فِيۡ فَلَكٍ يَّسۡبَحُوۡنَ ﴿٤٠﴾
وَاٰيَةٌ لَّهُمۡ اَنَّا حَمَلۡنَا ذُرِّيَّتَهُمۡ فِى الۡفُلۡكِ
الۡمَشۡحُوۡنِ ﴿٤١﴾ لا وَخَلَقۡنَا لَهُمۡ مِّنۡ مِّثۡلِهٖ
مَا يَرۡكَبُوۡنَ ﴿٤٢﴾

40.Lash-Shamso yambaghi lahaa an tud-
rikal Qamara walal-Lailo saabe-qun-
nahaar; wakullun fi falak-iny-yasbahoon
41.Wa Aayatul lahum anna hamalnaa
zurriyata-humfilfulkil mash-hoon 42.Wa
khalaqnaa lahum mim mislihi maa
yarkaboon

40.It is not permitted to the Sun to catch up the Moon,
nor can The Night outstrip the Day: Each (just) swims
along in (its own) orbit (According to Law). 41.And a
Sign for them is that We bore their race (through the
Flood) in the loaded Ark; 42.And We have created for
them similar (vessels) on which they ride.

وَاِنْ نَّشَاْ نُغْرِقْهُمْ فَلَا صَرِيْخَ لَهُمْ وَلَا هُمْ
يُنْقَذُوْنَ ﴿٤٣﴾ اِلَّا رَحْمَةً مِّنَّا وَمَتَاعًا اِلٰى حِيْنٍ ﴿٤٤﴾
وَاِذَا قِيْلَ لَهُمُ اتَّقُوْا مَا بَيْنَ اَيْدِيْكُمْ
وَمَا خَلْفَكُمْ لَعَلَّكُمْ تُرْحَمُوْنَ ﴿٤٥﴾ وَمَا تَاْ
تِيْهِمْ مِّنْ اٰيَةٍ مِّنْ اٰيٰتِ رَبِّهِمْ اِلَّا كَانُوْا عَنْهَا
مُعْرِضِيْنَ ﴿٤٦﴾

43.Wa-in nasha nugh-riqhum falaa sarikha lahum wa-laahum yunqazoon 44.1llaa rahmat-am-minnaa wa mata-an-ilaheen. 45.Wa iza qeela lahumuttaqoo maa baina aideekum wa maa khalfakum la-allakum turhamoon 46.Wa maa tataeehim min aayatim-min aayaati Rabbehim illaa kaanu anhaa muri-dheen

43.If it were Our Will, We could drown them: Then would there be no helper (to hear their cry), nor could they be delivered. 44.Except by way of Mercy from Us, and by way of (Worldly) convenience (To serve them) for a time. 45.When they are told, "Fear ye that which is before you and that which will be after you, in order that ye may receive Mercy", (They turn back). 46.Not a Sign comes to them from among the Signs of their Lord, but they turn away therefrom.

وَاِذَا قِيۡلَ لَهُمۡ اَنۡفِقُوۡا مِمَّا رَزَقَكُمُ اللّٰهُ ۙ قَالَ
الَّذِيۡنَ كَفَرُوۡا لِلَّذِيۡنَ اٰمَنُوۡۤا اَنُطۡعِمُ مَنۡ لَّوۡ
يَشَآءُ اللّٰهُ اَطۡعَمَهٗۤ ‌ۖ اِنۡ اَنۡتُمۡ اِلَّا فِىۡ
ضَلٰلٍ مُّبِيۡنٍ ﴿٤٧﴾ وَيَقُوۡلُوۡنَ مَتٰى هٰذَا الۡوَعۡدُ
اِنۡ كُنۡتُمۡ صٰدِقِيۡنَ ﴿٤٨﴾

47.*Wa iza qeela lahum anfiqoo mimmaa razaqakumullaahu, qaalal-lazeena kafaru lil-lazeena aamanoo a-nutemo mal-lau yashaa-ullaahu at ama hoo in antum illaafi zalaalim mubeen* 48.*Wayaqooloona mataa haazalwadu-in kuntum saadeqeen*

47.And when they are told, "Spend ye of (the bounties) with which Allah has provided you, "the Unbelievers say to those who believe: “Shall we then feed those whom, if Allah had so willed, He would have fed, (Himself)?- Ye are in noting but manifest error." 48.Further, they say, When will this promise (come to pass), if what ye say is true?”

مَا يَنْظُرُوْنَ اِلَّا صَيْحَةً وَّاحِدَةً تَاْخُذُهُمْ
وَهُمْ يَخِصِّمُوْنَ ﴿۴۹﴾ فَلَا يَسْتَطِيْعُوْنَ تَوْصِيَةً
وَّلَآ اِلٰٓى اَهْلِهِمْ يَرْجِعُوْنَ ﴿۵۰﴾ ع وَنُفِخَ فِى الصُّوْرِ
فَاِذَا هُمْ مِّنَ الْاَجْدَاثِ اِلٰى رَبِّهِمْ يَنْسِلُوْنَ ﴿۵۱﴾

49.Ma yanzoroona illaa saihat-anw waahedatan taakhuzuhum wa hum yakh-essemoon 50.Falaa yastati-oona tauseyat-anw walaa ilaa ahlihim yarji-oon, 51.Wa nufikha fis-Soori fa-iza hum minal ajdaase ilaa Rabbehim yansiloon

49.They will not (have to) wait for aught but a single Blast: It will seize them while they are yet disputing among themselves! 50.No (chance) will they then have, by will to dispose (of their affairs), nor to return to their people! 51.The Trumpet shall be sounded, when behold! I From the sepulchers (men) will rush forth to their Lord!

قَالُوْا يٰوَيْلَنَا مَنْۢ بَعَثَنَا مِنْ مَّرْقَدِنَا ۜ سکتة هٰذَا
مَا وَعَدَ الرَّحْمٰنُ وَصَدَقَ الْمُرْسَلُوْنَ ﴿٥٢﴾ اِنْ
كَانَتْ اِلَّا صَيْحَةً وَّاحِدَةً فَاِذَا هُمْ جَمِيْعٌ
لَّدَيْنَا مُحْضَرُوْنَ ﴿٥٣﴾ فَالْيَوْمَ لَا تُظْلَمُ نَفْسٌ شَيْـًٔا
وَّلَا تُجْزَوْنَ اِلَّا مَا كُنْتُمْ تَعْمَلُوْنَ ﴿٥٤﴾

وقف لازم وقف غفران

52.Qaalooya wailanaa mam-ba-asanaa mim marqadina; haazaa maa wa-adar-Rahmaanu wa sadaqal mursaloon 53.In kaanat illaa saihatnaw-waahe-datan faiza hum jamee-ul-ladaina muhdharoon 54.Fal yauma laa tuzlamu nafsun shaianw walaa tujzauna illaa maa kuntum taamaloon

52.They will say: "Ah! Woe unto us! Who Hath raised us up from out beds of repose?" (A voice will say:) "This is what (Allah) Most Gracious had promised, and true was the word of the messengers!" 53.It will be more than a single blast, when lo! They will all be brought up before Us! 54.Then, on that Day, not a soul will be wronged in the least, And ye shall but be repaid the need of your past Deeds.

إِنَّ اَصْحٰبَ الْجَنَّةِ الْيَوْمَ فِيْ شُغُلٍ فٰكِهُوْنَ ﴿٥٥﴾ ج
هُمْ وَاَزْوَاجُهُمْ فِيْ ظِلٰلٍ عَلَى الْاَرَآئِكِ مُتَّكِـُٔوْنَ ﴿٥٦﴾ ج
لَهُمْ فِيْهَا فَاكِهَةٌ وَّلَهُمْ مَّا يَدَّعُوْنَ ﴿٥٧﴾ ج سَلٰمٌ قف
قَوْلًا مِّنْ رَّبٍّ رَّحِيْمٍ ﴿٥٨﴾ وَامْتَازُوا الْيَوْمَ اَيُّهَا
الْمُجْرِمُوْنَ ﴿٥٩﴾

55.Inna As-haabaljannatil-Yaumafi shughu-lin faakehoon 56.Hum wa-azwaa-johum-fi zilaalin alal araaiki muttakioon. 57.Lahum fihaa faakihatunw wa lahum maayadda-oon 58.Salaamun qaulammir-Rabbir-Rahim 59.Wamtaa zulyauma aiyuhal mujrimoon

55.Verily the Companions of the Garden shall that Day have joy in all that they do; 56.They and their associates will be in pleasant shade, reclining on raised couches; 57.(Every) fruit (enjoyment) Will be there or them; They shall have whatever they call for; 58."Peace!"-a Word (Of salutation) from a Lord Most Merciful! 59.And O ye in sin! Get ye apart this Day!

أَلَمْ أَعْهَدْ إِلَيْكُمْ يَٰبَنِىٓ ءَادَمَ أَن لَّا تَعْبُدُوا
الشَّيْطَٰنَ ج إِنَّهُۥ لَكُمْ عَدُوٌّ مُّبِينٌ ﴿٦٠﴾ لا وَّأَنِ
اعْبُدُونِى ط هَٰذَا صِرَٰطٌ مُّسْتَقِيمٌ ﴿٦١﴾ وَلَقَدْ أَضَلَّ وقف غفران
مِنكُمْ جِبِلًّا كَثِيرًا ط أَفَلَمْ تَكُونُوا تَعْقِلُونَ ﴿٦٢﴾
هَٰذِهِۦ جَهَنَّمُ الَّتِى كُنتُمْ تُوعَدُونَ ﴿٦٣﴾
اِصْلَوْهَا الْيَوْمَ بِمَا كُنتُمْ تَكْفُرُونَ ﴿٦٤﴾

60.Alam aahadilaikum yaabani Aadama alla taabudush- Shaitanaa, innahu lakum adoowummubeen 61.Wa a~ni budooni haazaa Siraatum Mustaqeem 62.Walaqad-adhalla minkum jibillan kasira; afalam takoonoo taaqiloon 63.Haaze-hi Jahannamullati kuntum too-adoon 64.1slauh alyauma bema kuntum takfuroon.

60.Did I not enjoin on you, O ye children of Adam, that ye should not worship Satan; For that he was to you an enemy avowed?- 61.And that ye should Worship Me, (for that) this was the Straight Way? 62."But he did lead astray a great multitude of you. Did ye not, then, understand? 63.This is the Hell which ye were (repeatedly) warned! 64."Embrace ye the (Fire) this Day, For that ye (Persistently) rejected (Truth)."

اَلْيَوْمَ نَخْتِمُ عَلٰٓى اَفْوَاهِهِمْ وَتُكَلِّمُنَآ اَيْدِيْهِمْ
وَتَشْهَدُ اَرْجُلُهُمْ بِمَا كَانُوْا يَكْسِبُوْنَ ﴿٦٥﴾
وَلَوْ نَشَآءُ لَطَمَسْنَا عَلٰٓى اَعْيُنِهِمْ فَاسْتَبَقُوا الصِّرَاطَ
فَاَنّٰى يُبْصِرُوْنَ ﴿٦٦﴾ وَلَوْ نَشَآءُ لَمَسَخْنٰهُمْ عَلٰى مَكَا
نَتِهِمْ فَمَا اسْتَطَاعُوْا مُضِيًّا وَّلَا يَرْجِعُوْنَ ﴿٦٧﴾ ع

65.Al-yauma nakhtimi alaa afwaahihim wa tukallimunaa aideehim wa tashhadu arjuluhum bimaa kaanu yaksiboon 66.Wa-lau nashaao latamasnaa alaa aayunihim fastabaqussiraata fa-annaa yubsiroon 67.Walau nashaao lamasakh-naahum alaa makaanatihim famastataa-oo mudee-yanw walaa-yarji-oon

65.That Day shall We set a seal on their mouths. But their hands will speak to Us, and their feet bear witness, to all that they did. 66.If it had been Our Will, We could surely have blotted out their eyes; Then they should have raced torn the path, But how could they have seen? 67.And if it had been Our Will, We could have transformed them (to remain) in their places; Then should they have been unable to move about, Nor could they have returned (After error).

وَمَنْ نُّعَمِّرْهُ نُنَكِّسْهُ فِي الْخَلْقِ ۚ أَفَلَا يَعْقِلُونَ ﴿٦٨﴾
وَمَا عَلَّمْنٰهُ الشِّعْرَ وَمَا يَنْبَغِي لَهٗ ۚ إِنْ هُوَ إِلَّا ذِكْرٌ
وَّقُرْاٰنٌ مُّبِينٌ ﴿٦٩﴾ لِّيُنْذِرَ مَنْ كَانَ حَيًّا وَّيَحِقَّ
الْقَوْلُ عَلَى الْكٰفِرِينَ ﴿٧٠﴾

68.Waman nu-ammirho nunakkis-hu fil khalq; afalaa yaaqiloon 69.Wamaa allam-naahush-Sh'ira wamaa yambaghi lahu; in huwa illaa Zikrunw-wa Qur'aan-um mubeen. 70.Li yunzira man kaana haiyanw wa yahiqqal-qaulu alal kaafireen

68.If we grant long life to any, We cause him to be reversed in nature: Will they not then understand? 69.We have not instructed the (Prophet) in Poetry, nor is it meet for him: This is no less than a Message and Qur'an making things clear. 70.That it may give admonition to any (who are) alive, And that the word may be proved true against those who reject (Truth).

أَوَلَمْ يَرَوْا أَنَّا خَلَقْنَا لَهُم مِّمَّا عَمِلَتْ أَيْدِينَآ أَنْعَامًا
فَهُمْ لَهَا مَالِكُونَ ﴿٧١﴾ وَذَلَّلْنَاهَا لَهُمْ فَمِنْهَا رَكُوبُهُمْ
وَمِنْهَا يَأْكُلُونَ ﴿٧٢﴾ وَلَهُمْ فِيهَا مَنَافِعُ وَمَشَارِبُ
أَفَلَا يَشْكُرُونَ ﴿٧٣﴾ وَاتَّخَذُوا مِن دُونِ اللَّهِ آلِهَةً
لَّعَلَّهُمْ يُنصَرُونَ ﴿٧٤﴾

71.Awalam yarau annaa khalaqnaa lahum mimmaa amilat aideenaa an-aaman fahum lahaa maalikoon 72.Wa zallal naahaa lahum faminhaa Rakoobuhum wa minhaa yakoloon 73.Walahum fihaa manaafeu wa masha-ribu, afalaa yashkuroon 74.Wat-takhazoo min doonil-laahe aalehatal-la allahum yunsaroon

71.See they not that it is We who have created for them-among the things which our hands have fashioned Cattle, which are under their dominion? 72.And that We have subjected them to their (use)? Of them some do carry them And some they eat: 73.And they have (other) profits from them (besides), and they get (milk) to drink. Will they not then be grateful? 74.Yet they take (for worship) gods other then Allah, (hoping) that they might be helped!

لَا يَسْتَطِيْعُوْنَ نَصْرَهُمْ ۙ وَهُمْ لَهُمْ جُنْدٌ مُّحْضَرُوْنَ ﴿٧٥﴾
فَلَا يَحْزُنْكَ قَوْلُهُمْ ۘ اِنَّا نَعْلَمُ مَا يُسِرُّوْنَ وَمَا وقف لازم
يُعْلِنُوْنَ ﴿٧٦﴾ اَوَلَمْ يَرَ الْاِنْسَانُ اَنَّا خَلَقْنٰهُ مِنْ
نُّطْفَةٍ فَاِذَا هُوَ خَصِيْمٌ مُّبِيْنٌ ﴿٧٧﴾

75.La yastati-oona nasrahum, wa-hum
lahum jundum-muhdaroon. 76.Falaa
yahzunka qauluhum innaa naalamu maa
yusirroona wa maa yulinoon 77.Awalam
yaral insaanu annaa khalaqnaahu min
nutfatin fa iza huwa khasimum mubeen

75.They have not the power to help them: but they will
be brought up (Before Our Judgment-Seat) as a troop
(to be condemned). 76.Let not their speech, then,
grieve thee. Verily We know what they hide as well as
what they disclose. 77.Doth not man see that it is We
Who Created him from sperm? Yet behold! He (stands
forth) as an open adversary!

وَضَرَبَ لَنَا مَثَلًا وَّنَسِيَ خَلْقَهٗ ؕ قَالَ مَنْ يُّحْيِ
الْعِظَامَ وَهِيَ رَمِيْمٌ ﴿۷۸﴾ قُلْ يُحْيِيْهَا الَّذِيْٓ اَنْشَاَهَآ
اَوَّلَ مَرَّةٍ ؕ وَهُوَ بِكُلِّ خَلْقٍ عَلِيْمٌ ﴿۷۹﴾ ۙ الَّذِيْ جَعَلَ
لَكُمْ مِّنَ الشَّجَرِ الْاَخْضَرِ نَارًا فَاِذَآ اَنْتُمْ مِّنْهُ
تُوْقِدُوْنَ ﴿۸۰﴾

78.Wazaraba lanaa masalanw-wa-nasi-ya khalqahoo qaala manyyuhil-izaama wa hiya rameem 79.Qulyuhi-ee-hal lazi ansha-a haa awwala marratin; wa huwa bikulli khalqin aleem 80.Al lazija-ala lakum minash shajaril akhzari naaran faizaa antum-minhu toqidoon.

78.And he makes comparisons For Us, and forgets his own (origin and) Creation: He says, "who can give life to (dry) bones and decomposed ones (at that)?" 79.Say, He will give them life who created them for the first time! For He is well-versed in every kind of creation. 80.The same Who produces for you fire out of the green tree, when be hold! Ye kindle therewith (Your won fires)!

اَوَلَيۡسَ الَّذِىۡ خَلَقَ السَّمٰوٰتِ وَالۡاَرۡضَ بِقٰدِرٍ
عَلٰٓى اَنۡ يَّخۡلُقَ مِثۡلَهُمۡ ؕ بَلٰى ۗ وَهُوَ الۡخَلّٰقُ الۡعَلِيۡمُ ﴿۸۱﴾ وقف غفران
اِنَّمَاۤ اَمۡرُهٗۤ اِذَاۤ اَرَادَ شَيۡـئًا اَنۡ يَّقُوۡلَ لَهٗ كُنۡ
فَيَكُوۡنُ ﴿۸۲﴾ فَسُبۡحٰنَ الَّذِىۡ بِيَدِهٖ مَلَكُوۡتُ
كُلِّ شَىۡءٍ وَّاِلَيۡهِ تُرۡجَعُوۡنَ ﴿۸۳﴾ ع

81.Awalaisal-lazi khalaqas-samaa waati wal ardha beqaaderin alaa anyyakhluqa mislahum; Balaa, wa huwal Khallaaqul Aleem. 82.Innamaa amruhu iza araada shai-an anyyaqoola lahoo kun faya-koon 83.Fasubhaanal lazi beyadihi malakootu kullishai- in wa ilaihi turja-oon.

81."Is not He Who created the heavens and the earth able to create the like thereof?" -Yea, indeed! For He is the Creator supreme, of skill and knowledge (infinite)! 82.Verily, When He Intends a thing, His Command is, "Be", and it is! 83.So glory to Him In whose hands is the dominion of all things: And to Him will ye be all brought back.